　10歳までの子どもというのは理屈で考えるのではなく、見たまま聞いたままをそのまま感じ、直感的に理解し判断をしていくものです。このドリルは見たことを元に、直感的に感じたものを知識として頭の中におさめていく教材です。今回はもちもちぱんだという、子どもたちになじみのあるキャラクターを採用し、心地よく親しみを持って学習を楽しむことができるでしょう。こうした学習の中で、特に図形や立体の認識など、のちのちでは伸ばしにくいものが自然に育っていくようになっています。

　最初はただ眺めるだけなのですが、興味を持ち、見つめることによって、その形や意味を子どもなりに分析しはじめるように仕組んでいます。直感を伸ばす学習というのは、さまざまなことを理屈を持って考えていくときの土台となるものです。直感を伸ばす学習を土台に、感性も豊かに伸びていってほしいと願っています。

監修　陰山英男

この本に出てくるもちぱんしょうかい！

もちもちぱんだ、りゃくしてもちぱん！ もちぱんには「でかぱん」と「ちびぱん」の
2しゅるいがいるよ。このほかにもたくさんのちびぱんがいるらしい……。

でかぱん

ふつうのちびぱん

しろぱん

くろぱん

カビぱん

ミニぱん

はらぺこぱん

なきむしぱん

ぺちゃんこぱん

まろぱん

まゆぱん

へんてこぱん

かしわもちぱん

ささもちぱん

アイドルぱん

ハカセぱん

シェフぱん

まじょぱん

おしゃれぱん

ちびぱんレンジャー

キューピッドぱん

えのぐぱん
（ピンク）

えのぐぱん
（ブルー）

えのぐぱん
（オレンジ）

えのぐぱん
（イエロー）

えのぐぱん
（グリーン）

レインボーぱん
（えのぐぱん）

芸術ぱん
（えのぐぱん）

ゴールドぱん

シルバーぱん

おはなぱん

ひめぱん

ゆめかわぱん

ハートぱん

ベビぱん

ヤンぱん

あかずきんぱん

宙ガールぱん

ゾンビ〜ぱん

♥ ちびぱんのつくりかた ♥

①とる → ②こねる → ③つくる → ④つける → ⑤できる

ねこぱん	うさぱん	くまぱん

ねこぱん	うさぱん	くまぱん	みつばちぱん	ユニコーンぱん	おこげぱん
さくらもちぱん	よもぎもちぱん	きなこもちぱん	みたらしだんごぱん	わらびもちぱん	つぶあんぱん＆こしあんぱん
ひなあられぱん	もちパンぱん	プリンぱん	クッキーぱん	グミぱん	タピぱん
チョコぱん	まっちゃチョコぱん	いちごチョコぱん	ホワイトチョコぱん	へんてこチョコぱん	アイスぱん
おだんごぱん	にくまんぱん	さくらもちまんぱん	プリンまんぱん	チョコまんぱん	カビまんぱん
マシュマロぱん	ハチミツぱん	水まんじゅうぱん	ゴマだんごぱん	ひしもちぱん	紅白もちぱん
カップケーキぱん	特大にくまんぱん	だいふくぱん	いちごだいふくぱん	もちロールぱん	ネズミ

もくじ

この本のつかい方

もんだい文を
よく読んでね。

とりくんだ日づけを
書いてね。

もんだいをとく
目やすの時間だよ。

もんだいの
むずかしさだよ。

こたえるときは、
ゆびでさしても、
えんぴつで
書いても、
いいよ。

わからない
もんだいは、
おうちの人に
聞いても、
こたえのページを
見てもいいよ。

もんだいの
ヒントだよ。

ついかのもんだいに
チャレンジしよう。

こたえがのっている
ページだよ。

もんだいをとくのに
かかった時間を
書いてね。

レベル1

かんたん

まずは、かんたんなもんだいだよ。
頭をもちっとやわらかくして、
考えよう!

えさがし

1
ネズミ
はどこに
いる？

2
チョコあじの
ちびぱん
はどこにいる？

3
チョコあじのちびぱんの
数と、しろぱんの
数をかけるといくつ？

もちっとヒントをちょうだい！

チョコあじのちびぱんは、右ページに1ぴきだけだよ。
左ページもさがしてみよう。

こたえは66ページ

もちっともんだい

6ページから7ページのどこかにくろぱん　　がいるよ。
どこにいるかな？

もんだい 2 同じ形さがし

とりくんだ日　　月　　日

でかぱんのために、ちびぱんたちが
おかしをはこんでいるよ。

❶ 三角形のおかしをぜんぶ見つけよう。

❷ 四角形のおかしをぜんぶ見つけよう。

ア　イ　ウ　エ　オ　カ　キ　ク

ケ

コ

サ

シ

ソ

ス

セ

こたえは66ページ

もちっとヒントをちょうだい！

3本の直線でかこまれた形を三角形、
4本の直線でかこまれた形を四角形というよ。

9

ちびぱんがいろいろな食べものの長さを
くらべているよ。
11ページの絵を見ながら、❶ ～ ❹ を考えよう。

❶ いちばん長いものはどれかな？

❷ いちばんみじかいものはどれかな？

❸ エクレアと同じ長さのものは
　 どれかな？

❹ キャンディの長さはソフトクリーム
　 なんこ分かな？

もちっともんだい

11ページの食べものでいちばんかたいものはどれかな？

10

アイス
クリーム

チュロス

エクレア

キャンディ

ツイストドーナツ

ソフト
クリーム

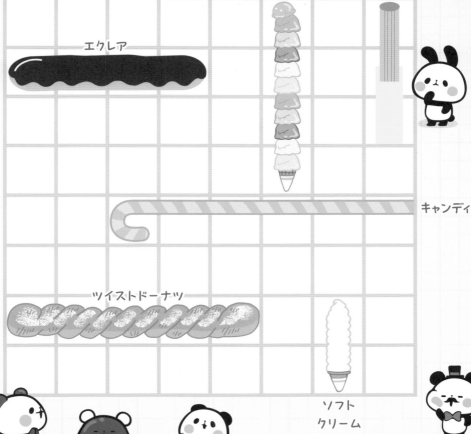

こたえは67ページ

もちっとヒントをちょうだい！

それぞれの食べものがのっている、
マスの数を数えてみよう。

かかった時間

分

11

とりくんだ日　　月　　日

みんなで、でかぱんのにがおえをかくよ。

はじまりからおわりまで、にがおえをかくじゅんに

すべての絵を通ってね。

一ど通った道は二ど通ることができないよ。

はじまり

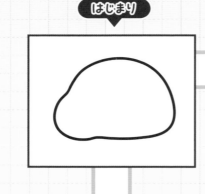

 もちっともんだい
12ページから13ページのどこかににくまんぱん　　がいるよ。
どこにいるかな？

おわり

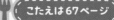
こたえは67ページ

かかった時間

分

もちっとヒントをちょうだい！

顔の形からはじまって、耳→目→はな→口……と
パーツがふえていっても、へることはないよね。

足し算引き算めいろ

しろぱんがチョコレートのめいろを通って、くろぱんに
会いに行くよ。スタートからゴールまでの数字を、
足したり引いたりしながらすすもう。
ゴールしたときの数はいくつになるかな？

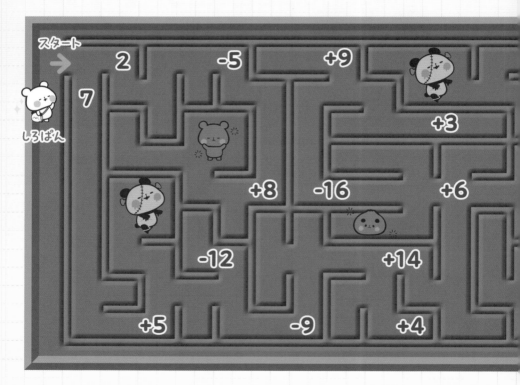

もちっともんだい

14ページから15ページにカビまんぱん　　　　は何びきいるかな？

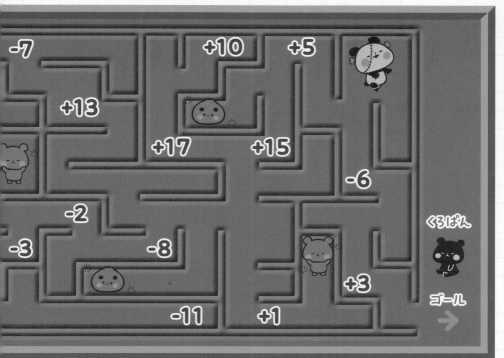

こたえは67ページ

さくらもちまんぱん 、チョコまんぱん、
ハチミツぱん、プリンまんぱん、マシュマロぱん
が、はこに入っているよ。
はこを見ながら、❶〜❹を考えよう。

❶ さくらもちまんぱんと同じ数なのはだれかな？

❷ マシュマロぱんは
　さくらもちまんぱんより何びき少ない？

❸ チョコまんぱんの数はだれの半分かな？

❹ つぎの □ に当てはまる数字は？

の数　　＋　　の数　　＝　　の数　　＋

もちっともんだい

はこに入っているちびぱんのうち、シルエットが　　　　
となるのはだれかな？

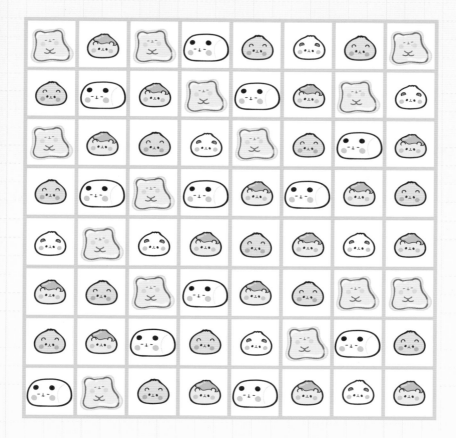

こたえは68ページ

もちっとヒントをちょうだい！

それぞれの数を数えたら、メモしておくといいよ。

ペンやえんぴつなどを紙から一どもはなさずに
線を書ききることを、ひとふで書きというよ。
19ページの図のうち、ひとふで書きができるのは
どれかな？　下のルールにしたがって考えよう。

ルール

・ ペンやえんぴつを紙から一どもはなさないでね。
・ 一ど書いた線は二ど書くことができないよ。
・ 点は何どでも通ることができるよ。

れい

このほかにも
通り方が
いくつかあるよ。

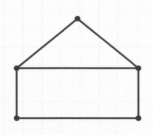

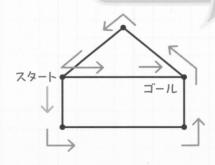

スタート　　　ゴール

ア

イ

ウ

エ

オ

こたえは68ページ

もちっとヒントをちょうだい！

ひとふで書きができる図は3つあるよ。

かかった時間

分

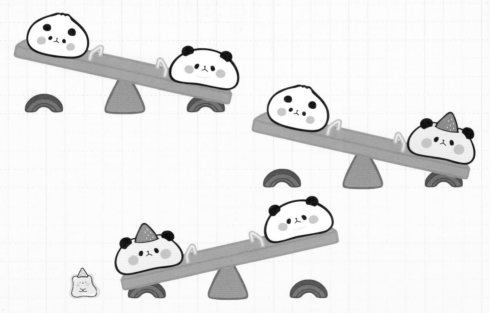

ちびぱんたちが、シェフぱんの作った
ホットケーキを食べすぎたみたい。
それぞれのおもさをくらべよう。

シェフぱん

❶ いちごだいふくぱん 、
だいふくぱん 、特大にくまんぱん のうち、
いちばんおもいのはだれかな？

もちっともんだい

20ページから21ページのどこかにハチミツぱん  がいるよ。
どこにいるかな？

2 アイドルぱん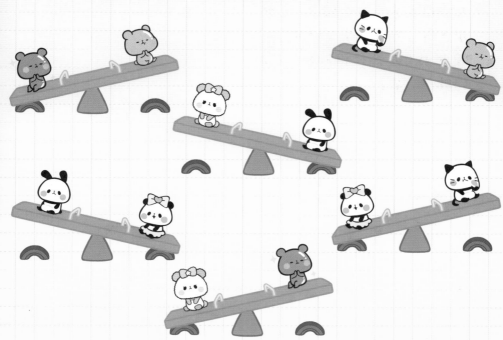、うさぱん、ゴールドぱん、
シルバーぱん、ねこぱん、
ゆめかわぱんのうち、
いちばんおもいちびぱんと、
いちばんかるいちびぱんはだれかな？

こたえは69ページ

同じちびぱんつなぎ

とりくんだ日　　月　　日

わくの中にいろいろなちびぱんがいるよ。
下のルールにしたがって、同じちびぱんどうしを
線でつないでね。

ルール

- ちびぱんをつなぐ線どうしが
  かさなってはいけないよ。
- 線がわくの外にはみ出しては
  いけないよ。

> このほかにも
> つなぎ方が
> いくつかあるよ。

れい

→

もちっともんだい
22ページから23ページのどこかにミニぱん がいるよ。
どこにいるかな？

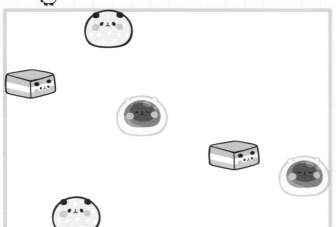

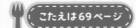
こたえは69ページ

もちっとヒントをちょうだい！

くねくねまがった線をかいてもいいよ。

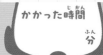
かかった時間

分

とりくんだ日

月　日

でかぱんがおなかをすかせているよ。
下のメモをたよりに、でかぱんが食べたがっている
ちびぱんをさがそう。

・おぼんの上にはいないよ。
・はっぱをもつちびぱんと 同じおさらにはいないよ。
・おさらの上ですわっているよ。
・ケーキスタンドの一番下のだんにはいないよ。

ぐるる

でかぱん

もちっともんだい

クッキーぱん　はどこにいるかな？

ケーキスタンド

ケーキスタンド

おぼん

こたえは70ページ

もちっとヒントをちょうだい！
メモを上からじゅん番に読みながら、
じょうけんに合わないちびぱんをけしていこう。

25

もちっとなぞなぞ

1

ぜったいにまん中だけは
食べられないおかしって
な～んだ？

2

だれにもあい手に
されないパンって
どんなパン？

3

ハンバーガーのまん中を
くりぬくとできるものって
な～んだ？

 こたえは79ページ

レベル2

ふつう

つぎは、ちょっとレベルの高いもんだいだよ。
計算もんだいがもっと出てくるけど、
とけるかな?

とりくんだ日
月　　日

かけ算の九九をつかってすすむめいろだよ。
下のルールにしたがって、スタートからゴールまで
5のだんをつかってすすもう。

ルール

- 5×4＝?、5×3＝?……と、5のだん
  を計算しながらすすんでね。
- たてとよこにはすすめるけど、
  ななめにはすすめないよ。

れい

- 5のだんのめいろだよ。
  5×3＝15、5×8＝40、
  5×5＝25でゴール！

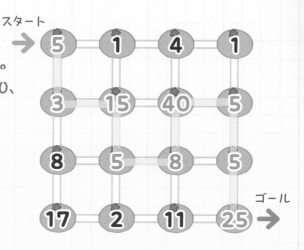

スタート
→

5	1	4	1
3	15	40	5
8	5	8	5
17	2	11	25

ゴール
→

もちっともんだい

29ページのめいろは、いくつのマシュマロでできているかな?

スタート
→

5	4	21	6	30
4	19	15	5	5
20	5	3	12	2
42	8	7	5	10
2	20	35	44	5
40	6	5	9	45

ゴール
→

こたえは71ページ

もちっとヒントをちょうだい！

5×△＝？のつぎはかならず5を通るよ。
九九の5のだんをとなえながらすすもう。

かかった時間

分

シェフぱんが作ったクッキーがわれてしまったみたい。
バラバラになったクッキー ① 〜 ⑤ のうち、それぞれの
⑦ 〜 ⑨ のかけらを組み合わせても、もとの形に
もどらないのは、どれとどれ？

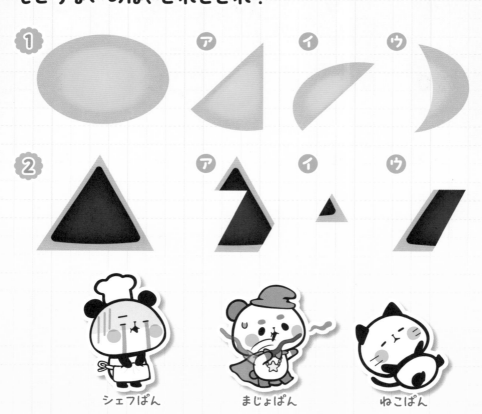

もちっともんだい

① 〜 ⑤ のうち、三角形のクッキーと四角形のクッキーを
それぞれさがそう。

③  ア  イ ウ

④  ア  イ  ウ

⑤  ア  イ ウ

ハカセぱん

ちびぱん

こたえは71ページ

もちっとヒントをちょうだい！

もとの形にアイウの線を引いて考えてみよう。

キャラメルがのったおさらが6まいあるよ。
ちびぱんの数とキャラメルの数が同じになるように、
♥と★を線でつなごう。

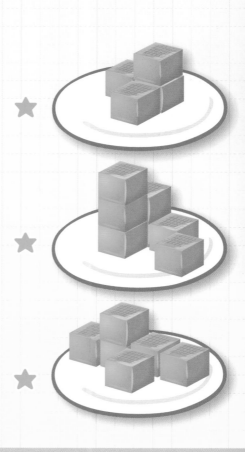

もちっともんだい

わらびもちぱん　　　はどこにいるかな？

 ♥ ★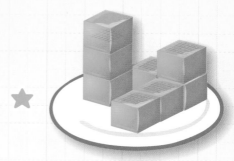

 ♥ ★

 ♥ ★

こたえは72ページ

かかった時間

分

もちっとヒントをちょうだい！
キャラメルの数は、かさなり方やつみ上がり方を
よく見て数えてみよう。

とりくんだ日　月　日

大きなおさらにのったちびぱんたちを、2つの小ざらに
とり分けたよ。もう1つのおさらは、㋐ ～ ㋒ のうち
どれかな？

もとのおさら

もちっともんだい

もとのおさらに1ぴきずつしかいないちびぱんを
合わせると、何びきかな？

やさしい　　ふつう

とり分けたおさら

もう1つのおさらは？

ア

イ

ウ

こたえは72ページ

かかった時間

分

もちっとヒントをちょうだい！

もとのおさらと、とり分けたおさらを見くらべて、
同じちびぱんを線でけしていこう。

35

もんだい 15 きまりのあるパズル

あるきまりにそって絵がならんでいるよ。

? にあてはまるのは、ア 〜 エ のうちどれかな？

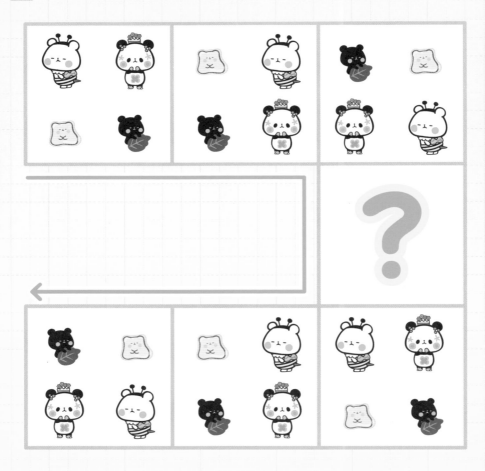

もちっともんだい

ア

 イ

 ウ

 エ

こたえは73ページ

かかった時間

分

もちっとヒントをちょうだい！

みつばちぱん  のいちに、ちゅう目してみると
何かわかるかも。

37

とりくんだ日

月　日

かがみを見ているさくらもちぱん。

さくらもちぱんから見て、かがみにうつっているすがたは、

ア ～ エ のうちどれかな？

れい

・かがみにうつっているものは、
上下がそのままで、
左右（さゆう）がぎゃくになるよ。

さくらもちぱん

もちっともんだい

つぎのうち、はっぱにかくれているのは？

ア

イ

ウ

エ

こたえは73ページ

もちっとヒントをちょうだい！

ちびぱんたちのポーズや、もちものもチェックしよう。

かかった時間

分

つぎのしきの同じ顔のところには、同じ数字が入るよ。
それぞれの顔があらわす数字は何かな？

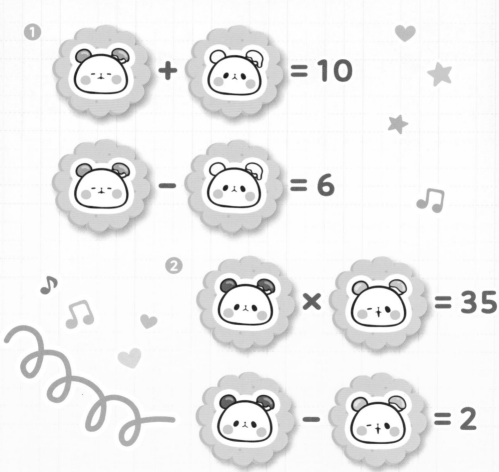

❶

🐹 + 🐹 = 10

🐹 − 🐹 = 6

❷

🐹 × 🐹 = 35

🐹 − 🐹 = 2

もちっともんだい
40ページから41ページのどこかにしろぱん  がいるよ。
どこにいるかな？

40

③

 × = 18 ❤

 − = 3

④

 ×  = 36 ♪

 − = 5

こたえは74ページ

もちっとヒントをちょうだい！
それぞれの顔があらわす数字はすべて１けた。こたえ通り
になる計算しきをいくつか書き出して、せい理してみよう。

かかった時間

分

41

⑦ ～ ⑦ のしゃしんのうち、しろぱんがさがしているのは
どれかな？　下のメモをたよりに見つけよう。

しろぱん　　くろぱん

・しゃしんには4ひきうつっているよ。

・ピンク色(いろ)の本の上に、にくまんぱん 😊 がいるよ。

・しろぱん 🐻 はちびぱん 🐼 のまよこにいるよ。

・くろぱん 🐻 はねそべっているよ。

・黄色(きいろ)の本をひらいているのはちびぱん 🐼 だけだよ。

⑦

⑦

もちっともんだい

42ページから43ページのどこかにキューピッドぱん 🐼 が
いるよ。どこにいるかな？

やさしい　ふつう

ウ

エ

オ

カ

こたえは74ページ

もちっとヒントをちょうだい！

「しゃしんには4ひきうつっているよ」ということは、それより
多かったり少なかったりするしゃしんはちがうね。

43

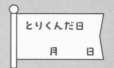

しろぱん、くろぱん、ちびぱん、さくらもちぱんが
シェフぱんのカフェに来たよ。ちゅう文したのは、
バナナケーキ、メロンアイス、レモンゼリー、ピーチジュース。
みんなちがうメニューを、
それぞれ1つだけちゅう文したよ。
45ページのシェフぱんがとっていたメモを見て、
さくらもちぱんがちゅう文したのは、
どんなメニューか当てよう。

さくらもちぱん　　ちびぱん

パシャ

シェフぱん

しろぱん　　　くろぱん

もちっともんだい

44ページから45ページのどこかにつぶあんぱん 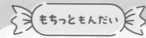 がいるよ。
どこにいるかな？

44

① しろぱんがちゅう文したのは、
バナナケーキ。

② ちびぱんがちゅう文したのは、
レモンゼリーかピーチジュース。

③ くろぱんがちゅう文したのは、
メロンアイス。

④ さくらもちぱんが
ちゅう文したのは、
ピーチジュースではない。

こたえは75ページ

かかった時間

分

もちっとヒントをちょうだい！

① から、バナナケーキではないものを
ちゅう文したことがわかるね。

しろぱん、おしゃれぱん、キューピッドぱんが、
47ページの道を通ってお出かけをするよ。それぞれの
目てき地はどこかな？

しろぱんは1つ目のかどを左にまがり、そこから3つ目のかどを右に、そこから2つ目のかどを左にまがると、目てき地につくよ。

しろぱん

キューピッドぱんはまっすぐ前にすすんで2つ目のかどを左に、そのつぎのかどを右に、そこから2つ目のかどを左にまがってまっすぐ行くと、目てき地につくよ。

キューピッドぱん

おしゃれぱんは1つ目のかどを左にまがり、そのつぎのかどを右に、そこから2つ目のかどを左にまがってまっすぐ行くと、目てき地につくよ。

おしゃれぱん

もちっともんだい

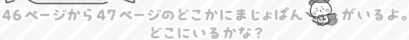
46ページから47ページのどこかにまじょぱん　がいるよ。
どこにいるかな？

やさしい　ふつう

グミぱんの家

キューピッドぱん

ねこぱんの家

うさぱんの家

えのぐぱんの家

ハカセぱんの家

ヤンぱんの家

おしゃれぱん

うらないの館

プリンぱんの家

アイスぱんの家

シェフぱんの家

ハンバーガーショップ

カフェ

アイドルぱんの家

しろぱん

こたえは75ページ

かかった時間

分

もちっとヒントをちょうだい！

小さい人形を用いして、うごかしてみるとわかりやすいよ。

4

空からふってくる
つめたいおかしって
な～んだ？

5

ひらめいたときに
ぴったりなのみものって
な～んだ？

6

1を5つつなげると
できるくだものって
な～んだ？

こたえは79ページ

むずかしい

さいごは、ちょっとむずかしいもんだいに
ちょうせんだ！もんだい文をじっくり読んで、
自分のペースですすめよう。

もんだい21 おいかけっこ

ガーデンパーティーへ出かけたあかずきんぱんを、くまぱんがおいかけるよ。あかずきんぱんが1つマスをすすむとき、くまぱんは3つマスをすすむよ。くまぱんがあかずきんぱんのすぐ後ろのマスに来るとき、くまぱんはどこにいる?

くまぱん

あかずきんぱん

もちっともんだい

よつばのクローバー 🍀 はどこかな?

8分でとけるかな？

やさしい ふつう むずかしい

こたえは76ページ

かかった時間

　分

もちっとヒントをちょうだい！

あかずきんぱんの1回のいどうを **1**、
くまぱんの1回のいどうを **1** として書きこんでみよう。

いくつ食べられる？

ちびぱんたちが3びきずつのグループでケーキバイキングに来たよ。一番たくさん食べたグループは、ア～エのうちどれかな？　下のルールにしたがって考えよう。

ルール

・赤いマスにいるちびぱんは、自分から前後左右のまっすぐすすめるマスのケーキを食べられるよ。

・青いマスにいるちびぱんは、自分から1マス分外がわのケーキを食べられるよ。

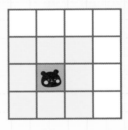

れい

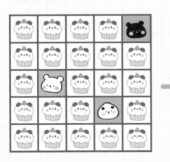

赤いマスにいるちびぱんと青いマスにいるちびぱんのどちらも食べられる場しょにあるケーキは、どちらかのちびぱんが食べたことにするよ。
このグループはケーキを16こ食べたことになるね。

もちっともんだい

ア～エのうち、食べなかったケーキが21このグループはどれかな？

ア

イ

ウ
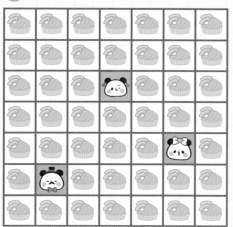

エ
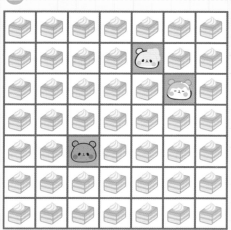

こたえは76ページ

かかった時間
分

もちっとヒントをちょうだい！

ちびぱんがいるマスの色をよく見て、
食べられるケーキのマスにしるしをつけていこう。

53

とりくんだ日
月　日

ちびぱんたちがおさらにドーナツをならべているよ。
ドーナツのならべ方によって、とく点がもらえるみたい。
それぞれ何点もらえるかな？
下のルールにしたがって考えよう。

ルール

- それぞれ 🍩 を3つ、⭕ を6つもっているよ。
- 🍩 と ⭕ が1かしょくっつくごとに、1点ずつもらえるよ。
- 同じしゅるいのドーナツがくっついても点はもらえないよ。

れい

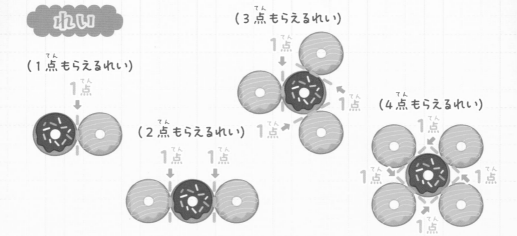

（1点もらえるれい）

（2点もらえるれい）

（3点もらえるれい）

（4点もらえるれい）

もちっともんだい

55ページのドーナツはぜんぶでいくつあるかな？

カードの
かさなりは？

おもてとうらに絵があるカードを、
見本のようにかさねたよ。
見本をひっくりかえしたときの見え方は
ア ～ カ のうち、どれになるかな？

ア

イ

もちっともんだい

おたがいの手をくっつけているちびぱんたちはどこかな？

ウ

エ

オ

カ

こたえは77ページ

かかった時間
分

もちっとヒントをちょうだい！

見本で一番上にかさなっているカードは、ひっくりかえす
と一番下になるよ。かさねじゅんにちゅう目しよう。

もんだい 25 はこの組み立て

ア～エ のうち、組み立てると見本と同じになるのは
どれかな？

見本

はこはひらくと
こんな形になるよ。

ア

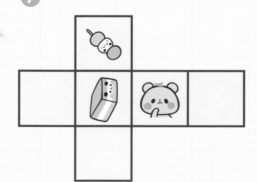

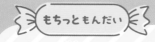

もちっともんだい

頭にリボンをつけているちびぱんはどこかな？

58

イ

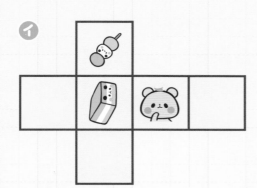

ウ

エ

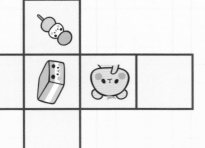

こたえは78ページ

もちっとヒントをちょうだい！

このページをコピーしてから ア 〜 エ を切りとって、
おってみるとわかりやすいよ。

かかった時間

分

しろぱんが楽しみにとっておいたケーキが
なくなっちゃった！　その場にいたのは、
ヤンぱん、ハカセぱん、アイドルぱん。
3びきの話を聞いて、
ケーキを食べたちびぱんを
さがそう。ただし、ケーキを
食べたちびぱんだけが
うそをついていて、ほかの
2ひきは本当のことを
言っているよ。

しろぱん

もちっともんだい

60ページから61ページのどこかにチョコまんぱん  がいるよ。
どこにいるかな？

ケーキを食べたのは
ハカセぱんだよ。

ヤンぱん

ハカセぱん

ケーキを食べたのは
アイドルぱんじゃよ。

アイドルぱんは
ケーキなんて
食べてないよ〜。

アイドルぱん

考え方

ヤンぱんが
うそをついていると
すると……	→ ハカセぱんと
アイドルぱんの話は
合う・合わない
ハカセぱんが
うそをついていると
すると……	→ ヤンぱんと
アイドルぱんの話は
合う・合わない
アイドルぱんが
うそをついていると
すると……	→ ヤンぱんと
ハカセぱんの話は
合う・合わない

くろぱん

ミニぱん

こたえは78ページ

かかった時間

分

もちっとヒントをちょうだい！

ヤンぱんがケーキを食べたとすると、
ハカセぱんもうそをついていることになるね。

ちびぱんレンジャーがパン食いきょう走をしたよ。
みんなバラバラにゴールしたみたい。つぎのヒントから、
5ひきがゴールしたじゅんいを当てよう。

ヒント

・ちびぱんピンクは、ちびぱんグリーンのすぐあとにゴールしたよ。
・ちびぱんレッドとちびぱんグリーンは、1いでも4いでもないよ。
・ちびぱんイエローは3いではなく、ちびぱんレッドよりあとに
　ゴールしたよ。
・ちびぱんブルーは、ちびぱんレッドより早くゴールしたよ。

ちびぱん
グリーン　　ちびぱん
　　　　　ピンク　　ちびぱん
　　　　　　　　　レッド　　ちびぱん
　　　　　　　　　　　　　イエロー　　ちびぱん
　　　　　　　　　　　　　　　　　　ブルー

もちっともんだい

メロンパンのぼうしをかぶっているちびぱんはどこかな？

こたえは79ページ

かかった時間

分

もちっとヒントをちょうだい！

1つ目のヒントから、ちびぱんグリーンとちびぱんピンクの間にはだれもゴールしていないことがわかるね。

もちっとなぞなぞ

7

食べるとケガをする
チョコって
どんなチョコ？

8

地図をのばすと
できるケーキって
な〜んだ？

9

王子さまとおひめさまが
もっているおかしって
な〜んだ？

こたえは79ページ

こたえ

いままでのもんだいの
こたえ合わせをしよう！
ぜんもんとけたかな？

🐻 ▶ ◯   🐻 ▶ ◯   🐻 ▶ **15** (5×3)

もちっともんだい ▶ ◯

さんかくけい
三角形のおかし ▶ ◯（カ，キ，サ，ソ）

しかくけい
四角形のおかし ▶ ◯（エ，ク，コ，セ）

もちっともんだい ▶ ◯

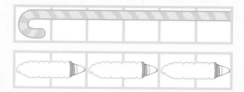

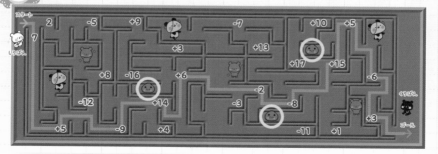

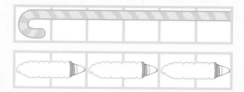

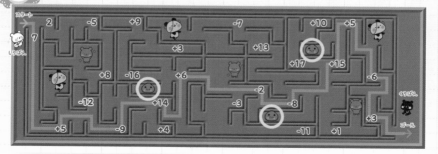

もんだい 3

① **キャンディ**（マス6こ分の長さだよ）

② **ソフトクリーム**（マス2こ分の長さだよ）

③ **アイスクリーム**（どちらもマス4こ分の長さだよ）

④ **3こ分**

もっともんだい ▶ キャンディ

もんだい 4

もっともんだい ▶ ○

もんだい 5

30（7+5-9+14+6-2-8+15+5-6+3）

もっともんだい ▶ 3びき（○）

もんだい 6

① **ハチミツぱん**（どちらも 14 ひきだよ）

② **2 ひき**（さくらもちまんぱんの数 − マシュマロぱんの数だから、14−12＝2 になるよ）

③ **プリンまんぱん**（チョコまんぱんの数 8 を 2 ばい〈×2〉すると 16。16 ぴきいるのはプリンまんぱんだよ）

④ **6**（「＝」の左右のしきのこたえは同じ数。それぞれのちびぱんの数は 8＋12＝14＋□だから、□にあてはまる数は 6 だよ）

〈もちっともんだい〉 ▶ **マシュマロぱん**

もんだい 7

アイオ

下のように通れば、ひとふで書きできるよ。

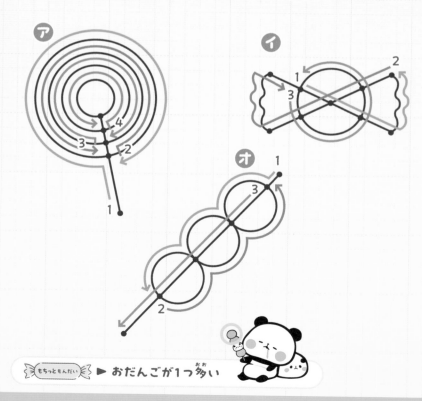

〈もちっともんだい〉 ▶ **おだんごが 1 つ多い**

❶ いちごだいふくぱん

かるい	特大にくまんぱん
↕	だいふくぱん
おもい	いちごだいふくぱん

❷ いちばん
おもいのは
アイドルぱん。
いちばん
かるいのは
ねこぱん。

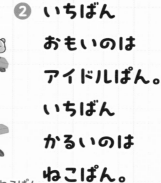

かるい　ねこぱん
　↕　シルバーぱん
　　　ゴールドぱん
　　　ゆめかわぱん
　　　うさぱん
おもい　アイドルぱん

もちっともんだい ▶ ○

⑨ —のようにつなぐと、線どうしがかさならないよ。このほかにも、つなぎ方がいくつかあるよ。

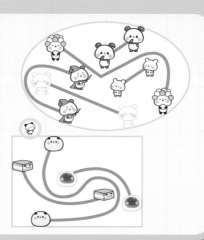

もちっともんだい ▶ ○

もんだい10 （いちごチョコぱん）

メモを上から読んで、じょうけんに合わないものをけしていこう。

- ・おぼんの上にはいないよ。
- ・はっぱをもつちびぱんと同じおさらにはいないよ。
- ・おさらの上ですわっているよ。
- ・ケーキスタンドの一番下のだんにはいないよ。

1行目を読むと、おぼんの上にいるちびぱんがけせるよ。
2行目を読むと、右がわのケーキスタンドのまん中のだんにいるちびぱんと、左がわの
ケーキスタンドの一番上のだんにいるちびぱんがけせるよ。
3行目を読むと、立っていたり、ねころんでいたりするちびぱんがけせるよ。
4行目を読むと、ケーキスタンドの一番下のだんにいない、すわっているちびぱんにし
ぼられるよ。

よって、こたえは◯の
いちごチョコぱんだよ。

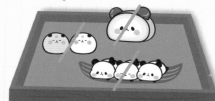

もんだい **11**

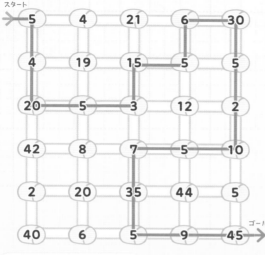

5 × 4 = 20、

5 × 3 = 15、

5 × 6 = 30、

5 × 2 = 10、

5 × 7 = 35、

5 × 9 = 45

でゴール！

もっともんだい ▶ 30 こ

もんだい **12**

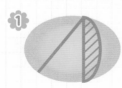 と

それぞれ ア イ ウ の線を引いてみよう。

すると、 ① と ④ は ▨ のところが
足りなかったり、かさなったりして、
もとの形にもどらないね。

 ▶ 三角形は ②
四角形は ③

もんだい
13

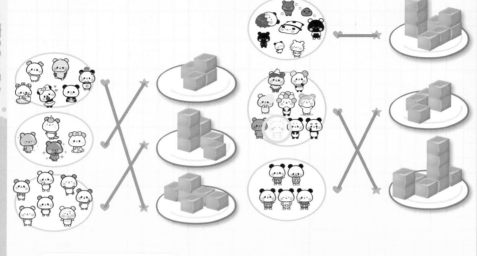

もちっともんだい ▶ ○

もんだい
14

ウ もとのおさらと、とり分けたおさらを見くらべて
同じちびぱんを線でけそう。

もとのおさら

とり分けたおさら

ウ

すると、のこっている
ちびぱんのしゅるいと数が合うのは
ウ だね。

もちっともんだい ▶ 5ひき

もんだい15

➡ のじゅんばんで
わくの中のちびぱ
んたちが時計回り
にうごいているよ。

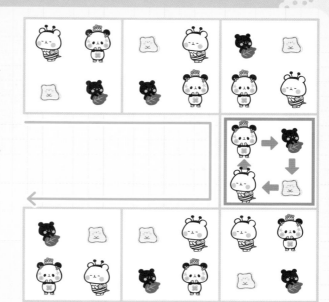

もんだい16 ウ

ほかの絵は
◯のところが
ちがうよ。

もんだい 17

それぞれの顔があらわす数字は下のようになるよ。

①
8 + 2 = 10

8 − 2 = 6

②
7 × 5 = 35

7 − 5 = 2

③
3 × 6 = 18 ♥

6 − 3 = 3

④
4 × 9 = 36 ♪

9 − 4 = 5

もちっともんだい ▶ ○

もんだい 18

カ メモを上から読んで、じょうけんに合わないものを
けしていくと、下のようになるよ。

しろぱん　くろぱん

①・しゃしんには4ひきうつっているよ。
②・ピンク色の本の上に、にくまんぱんがいるよ。
③・しろぱんはちびぱんのまよこにいるよ。
④・くろぱんはねそべっているよ。
⑤・黄色の本をひらいているのはちびぱんだけだよ。

もちっともんだい ▶ ○

もんだい 19

レモンゼリー

ひょうを作って、シェフぱんのメモを❶からせい理していくよ。

	バナナケーキ	メロンアイス	レモンゼリー	ピーチジュース
しろぱん	○	×	×	×
くろぱん	×	○	×	×
ちびぱん	×	×	×	○
さくらもちぱん	×	×	○	×

❶から、しろぱんがちゅう文したのはバナナケーキだとわかるよ。

❷から、ちびぱんがメロンアイスをちゅう文していないとわかるよ。

❸から、くろぱんがちゅう文したのはメロンアイスだとわかるよ。

❹から、さくらもちぱんはレモンゼリーをちゅう文し、ちびぱんはピーチジュースをちゅう文したことがわかるよ。

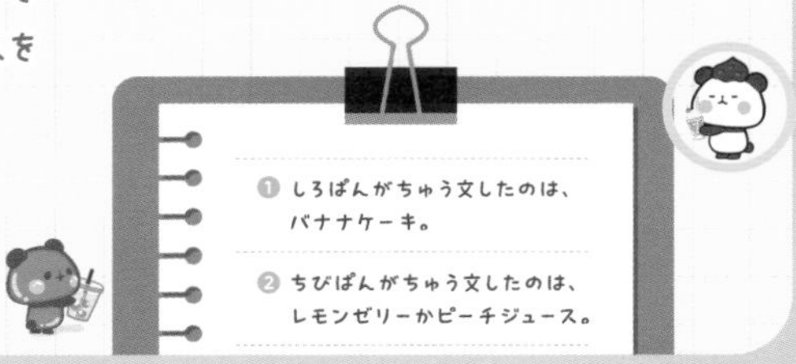

もちっともんだい ▶ ○

もんだい 20

しろぱん→○（ヤンぱんの家）

おしゃれぱん→○（カフェ）

キューピッドぱん→○（シェフぱんの家）

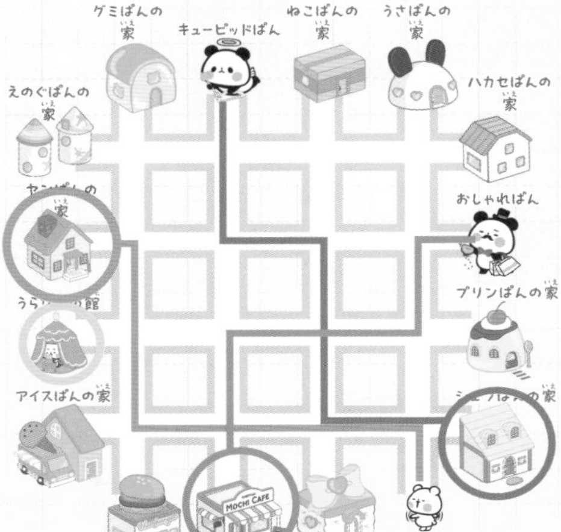

もちっともんだい ▶ ○

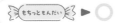

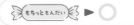

21

あかずきんぱんの1回(かい)のいどうを❶、くまぱんの1回(かい)のいどうを1であらわすと、下のようになるよ。6回目(かいめ)のいどうで、くまぱんはあかずきんぱんのすぐ後ろのマスに来るね。

くまぱん

あかずきんぱん

もちっともんだい ▶ ○

22

ⓐ

ア

食べた
ケーキの数(かず)
→23こ

イ

食べた
ケーキの数(かず)
→25こ

ウ

食べた
ケーキの数(かず)
→28こ

エ

食べた
ケーキの数(かず)
→24こ

もちっともんだい ▶ イ

もんだい 23

ねこぱん→6点
ちびぱん→5点
まじょぱん→8点
シェフぱん→7点

もちっともんだい ▶ 36こ

もんだい 24

エ　ほかのカードは○がちがうよ。

もちっともんだい ▶ ○

77

25

（ア）ほかは○の絵のむきがちがうから、見本と同じにはならないよ。

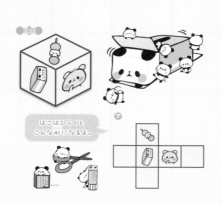

はこはひらくと
こんな形になるよ。

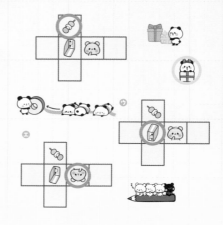

もちっともんだい ▶ ○

26 ハカセぱん　3びきの話を1つずつせい理していこう。

ヤンぱんがうそをついているとすると、ハカセぱんとアイドルぱんは本当のことを言っているのに、話が合わないよ。アイドルぱんがうそをついているとすると、ヤンぱんとハカセぱんは本当のことを言っているのに、また話が合わないね。ハカセぱんがうそをついているとすると、ヤンぱんとアイドルぱんの話が合うよ。つまり、ケーキを食べたのはハカセぱんだ！

ケーキを食べたのは
ハカセぱんだよ。

ケーキを食べたのは
アイドルぱんじゃよ。

アイドルぱんは
ケーキなんて
食べてないよ〜。

考え方

ヤンぱんがうそをついているとすると……	ハカセぱんとアイドルぱんの話は　合う　合わない
ヤンぱんがうそをついているとすると……	ヤンぱんとアイドルぱんの話は　合う　合わない
アイドルぱんがうそをついているとすると……	ヤンぱんとハカセぱんの話は　合う　合わない

もちっともんだい ▶ ○

もんだい 27

1い：ちびぱんブルー、2い：ちびぱんレッド、3い：ちびぱん
グリーン、4い：ちびぱんピンク、5い：ちびぱんイエロー

ひょうを作って、じゅんいをせい理していくよ。

	❶	❷	❸	❹	❺
グリーン	×	×	○	×	×
ピンク	×	×	×	○	×
レッド	×	○	×	×	×
イエロー	×	×	×	×	○
ブルー	○	×	×	×	×

1行目を読むと、グリーンが5いではなく、ピンクが
1いではないとわかるよ。もしグリーンが5いだとピ
ンクはそんざいしない6いになるし、ピンクが1い
だと、グリーンはそんざいしない0いになるよ。

2行目を読むと、レッドとグリーンの1いと4いが
それぞれけせるよ。

3行目を読むと、イエローの3いと1い、レッドの5いが
けせるよ。もしレッドが3いだとすると、グリーンとピンク
がれんぞくしてゴールできないから、レッドが2いだね。

4行目を読むと、ブルーはレッドより早い1いという
ことがわかるよ。

あとはグリーンが3い、ピンクが4い、イエローが5
いということになるね。

もちっともんだい ▶ ○

もちっとなぞなぞ の こたえ

1 ▶ **ドーナツ**

2 ▶ **むしパン**

3 ▶ **ハンガー** （ハン"バー"ガーのまん中をくりぬくよ）

4 ▶ **あめ**（雨）

5 ▶ **ソーダ**（ひらめくと「そーだ！」って言うよね）

6 ▶ **イチゴ**（1・5→イチ・ゴ）

7 ▶ **いたチョコ**（いた！チョコ）

8 ▶ **チーズケーキ**（地図→地─図→チーズ）

9 ▶ **プリン**（えい語で王子さまをプリンス、
おひめさまをプリンセスと言うよ）

むずかしい もんだいの こたえ

陰山英男（かげやま　ひでお）

　兵庫県朝来町立（現朝来市立）山口小学校教師時代から、反復学習や規則正しい生活習慣の定着で基礎学力の向上をめざす「陰山メソッド」を確立し、脚光を浴びる。
　百ます計算や漢字練習の反復学習を続け基礎学力の向上に取り組む一方、そろばん指導やICT機器の活用など新旧を問わず積極的に導入する教育法によって子どもたちの学力向上を実現している。

STAFF
編集／竹田知華（株式会社スリーシーズン）
イラスト／Yuka（株式会社カミオジャパン）
編集協力／真鍋良子、谷口聖（株式会社カミオジャパン）
ブックデザイン／佐々木恵実（株式会社ダグハウス）
本文DTP／島村千代子、武田生

もちもちぱんだ
ちょこっと　頭やわらかドリル　小2レベル

2024年7月5日　　初版第1刷発行

監　修　陰山英男
発行者　淺井　亨
発行所　株式会社実務教育出版
　　　　〒163-8671　東京都新宿区新宿1-1-12
　　　　電話　03-3355-1812（編集）　03-3355-1951（販売）
　　　　振替　00160-0-78270

印刷所／文化カラー印刷　　製本所／東京美術紙工